CE2
cycle 3

Le joueur de flûte de Hamelin
et autres histoires

Le joueur de flûte de Hamelin
Robert Browning

La chèvre de M. Seguin
Alphonse Daudet

Le meilleur papa du monde
Marc Cantin

Le style enfantin
ou La mort et le médecin
Jean Tardieu

Notes de **Pascal Dupont**
Formateur
IUFM Midi-Pyrénées

hachette
ÉDUCATION

Édition : Valérie Dumur
Fabrication : Patricia Coulaud
Illustrations : Éric Puybaret, Jean-Louis Goussé, Brigitte Perdreau
Création et réalisation de la couverture : Estelle Chandelier
Maquette intérieure : Laurent Carré, Michaël Funck
Réalisation : Créapass, Paris
Relecture : Chantal Maury
Photogravure : Nord Compo

PAPIER À BASE DE FIBRES CERTIFIÉES

hachette s'engage pour l'environnement en réduisant l'empreinte carbone de ses livres. Celle de cet exemplaire est de :
550 g éq. CO_2
Rendez-vous sur www.hachette-durable.fr

ISBN : 978-2-01-116502-2

43 quai de Grenelle 75905 Paris cedex 15
www.hachette-education.com

AVANT-PROPOS

De la littérature, pour quoi faire ?

Les apprentissages fondamentaux : parler, lire, écrire ne sauraient se résumer à des savoir-faire décontextualisés et vides de sens. Ouvrir aux enfants la porte de la littérature, c'est les introduire dans des univers imaginaires, leur permettre de répondre à des questions existentielles à travers des œuvres de fiction, susciter leur curiosité et leur appétit d'apprendre.
À partir de ces références littéraires, les enfants se constitueront une première culture qui entrera en résonance avec les expériences et les lectures à venir.

Quelles œuvres choisir ?

Le bibliobus Hachette propose aux jeunes lecteurs des œuvres intégrales classiques et contemporaines propres à nourrir leur réflexion, à faire naître des interrogations, et qui sont adaptées à leur connaissance de la langue et à leur compréhension.
Elles sont sélectionnées parmi la bibliographie de 300 titres établie par le ministère de l'Éducation nationale, le fonds de romans des éditions Grasset Jeunesse et des éditions Rageot, le fonds jeunesse des éditions Autrement et le fonds de bandes dessinées des éditions Delcourt Jeunesse.

Devenir lecteur

On le sait depuis longtemps : il ne suffit pas d'avoir appris à lire pour devenir lecteur. Le goût et le plaisir de lire ne peuvent se développer qu'à partir de rencontres fréquentes avec les textes. Il convient donc, avant tout, de lire beaucoup.

Les adultes accompagneront les enfants sur le chemin de la lecture en lisant eux-mêmes des textes à haute voix et à travers des débats qui peuvent être très libres. Ils donneront ainsi aux enfants l'occasion de partager des émotions, d'éprouver leur liberté d'interprétation tout en les guidant dans leur compréhension.
Ainsi, ils les aideront peu à peu à tisser des réseaux de significations entre différentes œuvres.

La littérature à l'école

L'école s'est fixé pour objectif de donner à chaque enfant les références culturelles nécessaires pour que le monde des hommes commence à prendre sens pour lui.
« Le programme de littérature vise à donner à chaque élève un répertoire de références appropriées à son âge, puisées dans le patrimoine et dans la littérature de jeunesse d'hier et d'aujourd'hui ; il participe ainsi à la constitution d'une culture littéraire commune [(1)]. »
Il appartient aux éducateurs : enseignants, parents, médiateurs du livre, de relayer cette ambition.

Pascal Dupont

(1) *Les programmes de l'école primaire*, B. O. E. N., 19 juin 2008

Robert Browning

Le joueur de flûte de Hamelin

Illustré par Éric Puybaret

Il y avait une fois dans le Brunswick une ville qui s'appelait Hamelin. Elle n'était pas aussi étendue que la fameuse cité d'Hanovre, mais elle était beaucoup plus agréable.

Le lierre s'étalait sur les hautes murailles et une magnifique cathédrale dominait la Grande Place. Les habitants de Hamelin en étaient fiers : de petits animaux malicieux ornaient ses tours et bordaient ses façades. Non loin de là, le cadran en or du Palais de l'Horloge donnait l'heure aux passants. Un fleuve agréable et majestueux baignait le sud de la ville, il était bordé de peupliers gigantesques. Et les jours de fête, les habitants dansaient sur les berges, entraînés par des baladins. Comme il faisait bon vivre dans cette cité !

Brunswick : région d'Allemagne

Hamelin : petite ville du nord de l'Allemagne

une cité : une ville

Hanovre : grande ville du nord de l'Allemagne célèbre pour ses foires

un baladin : un comédien qui se déplace de ville en ville

Hélas, il y a cinq cents ans, la douleur et la désolation s'abattirent sur Hamelin. Une nuit, un habitant sujet aux insomnies se promenait sur les remparts. Soudain, il vit au loin une masse sombre.

Elle avança rapidement, se déroula, puis s'élargit à l'approche des murailles. Ce fut comme une immense vague qui arracha tout sur son passage. On donna l'alerte et la population fut prise d'un terrible effroi : des milliers de rats grouillaient, se pressaient et se bousculaient dans l'obscurité ! Ils escaladèrent les remparts et se répandirent dans la ville. Ils envahirent les rues, les maisons, la Grande Place, la splendide cathédrale. Des rats ! Des rats ! Il y en avait partout ! Dans les caves, dans les égouts, dans les greniers. Ils surgirent des coins les plus obscurs. Et si nombreux ! De gros rats gris, des rats d'égout, des rats des champs, des rats de rivière, ils se donnèrent tous rendez-vous.

La faim les rendit audacieux. Ils s'introduisirent dans les cuisines, les

sujet aux insomnies : soumis à l'impossibilité de s'endormir

l'effroi : l'épouvante

grouiller : s'agiter dans tous les sens et en grand nombre

se presser : se serrer

envahir : remplir entièrement

surgir : apparaître brusquement

audacieux : hardi, courageux face à un danger

caves et les celliers et vidèrent les placards. Les habitants ne surent plus où donner de la tête. Ils en trouvèrent sous les cloches à fromage, à l'intérieur des tiroirs et sous les matelas. Les rats léchèrent la soupe, ouvrirent les tonneaux et construisirent leurs nids dans les couvercles. Ils crevèrent les sacs des dames, éventrèrent les oreillers et nichèrent dans les chapeaux des messieurs. On en trouva même un dans la louche du cuisinier. Quel vacarme !
Une semaine plus tard, les rongeurs pillaient toujours la ville. Les habitants enragèrent :
« Les conseillers municipaux ne font rien ! Notre maire n'est qu'un benêt ! Pourquoi ne chassent-ils pas cette vermine ? Ça ne peut plus durer ! »
Et d'autres ajoutèrent : « Ces lourdauds ne pensent qu'à s'enrichir sur notre dos ! Maintenant, nous en avons assez ! »
Les habitants de Hamelin décidèrent de se réunir au Palais de l'Horloge. Ils pénétrèrent dans la salle où était réuni le conseil municipal.

un cellier : une petite pièce où l'on conserve les provisions et le vin

ne plus savoir où donner de la tête : être débordé

un vacarme : un grand bruit assourdissant

piller : voler sans rien laisser

enrager : être en rage, en colère

un benêt : un garçon naïf et un peu bête

de la vermine : des animaux qui causent des torts ou du mal à l'homme

Il ne manquait personne, pas même le maire. C'était un homme petit et dodu, son ventre était à la limite de l'explosion et son œil était aussi brillant et humide qu'une huître. Les conseillers somnolaient : certains bâillaient à s'en décrocher la mâchoire tandis que d'autres regardaient les mouches voler, on en vit même se gratter les mollets. Un triste spectacle !
Le maire s'écria tout à coup :
« Vous n'entendez pas une rumeur ? »
Il sortit lourdement de son fauteuil et ouvrit la fenêtre qui donnait sur la Grande Place. Et ce fut un véritable tonnerre d'injures. Les habitants de Hamelin l'accusèrent d'être un incapable et ils lui jetèrent des œufs pourris, toutes sortes de fruits et les légumes les plus divers. Un véritable déluge !
« Va-t'en, vieille barrique ! crièrent-ils, nous ne t'avons pas élu pour que tu restes assis dans ton fauteuil du matin jusqu'au soir ! Nous allons nous-mêmes trouver un remède ! »

dodu : grassouillet

somnoler : dormir à moitié

une rumeur : un bruit confus de voix

une injure : une insulte

un déluge : une grande quantité

vieille barrique : insulte qui compare le maire à un vieux et gros tonneau

un remède : une solution

Terrorisé par cette révolte, le maire ferma la fenêtre aussi vite qu'il put. Mais il n'évita pas à une grosse pomme bien mûre de venir s'écraser sur le banc où étaient assis les conseillers municipaux.

« Quel malheur, messieurs ! s'exclama le maire. Que pouvons-nous dire ? Que pouvons-nous faire maintenant ? Tout ce bruit me donne mal à la tête… D'ailleurs il est midi, et je commence à avoir faim. »

À ce moment-là, le maire et ses conseillers entendirent à l'extérieur des pas et des chuchotements. La porte de la salle du conseil s'entrouvrit et un homme extraordinaire apparut.

une révolte : un soulèvement de la population

s'exclamer : s'écrier

On ne l'avait jamais vu à Hamelin. Il était grand, maigre et portait une très longue tunique jaune et rouge. Sa chevelure était longue et fine, son regard pénétrant. Un sourire étrange passait sur son visage. Un bien curieux personnage !
« Diantre ! s'exclama l'un des conseillers. Qui est-il ? Un bouffon échappé de la foire de Hanovre ? »
L'homme s'avança tranquillement et dit aux conseillers :
« Je vous remercie de bien vouloir m'écouter, Vos Seigneuries, je suis doué d'un pouvoir magique. Je suis capable d'attirer toutes les créatures qui existent sur la terre et vivent sous le soleil. Et quand je dis « toutes les créatures », ce sont tous les êtres qui rampent, qui volent, qui nagent et qui courent. Et je me sers surtout de mon charme contre les animaux nuisibles aux humains : la taupe, le crapaud, le triton mais aussi la vipère. »
Il s'interrompit un moment et jeta sur les conseillers un regard si perçant qu'il les mit mal à l'aise. Tous remarquèrent alors

une tunique : sorte de longue chemise

pénétrant : capable de voir ce qui est caché au plus profond de chacun

diantre : mot qui marque l'étonnement

un bouffon : un homme drôle et un peu grotesque

être doué : posséder

un charme : un sortilège

nuisible : qui transmet des maladies ou détruit les récoltes

qu'il portait suspendu à son épaule par un ruban jaune et rouge, un magnifique pipeau. Ses doigts longs et minces semblaient impatients de le parcourir. L'homme continua de parler :
« J'ai libéré le Khan de Tartarie des énormes moustiques qui accablaient la population et, en juin dernier, j'ai délivré le Nizam d'une terrible horde de vampires. Même le calife de Bagdad m'a fait appeler l'an passé parce que son royaume était dévasté par des milliers de sauterelles. »
Puis il ajouta : « Je veux bien vous débarrasser des rats diaboliques qui dévastent votre ville, bien sûr. Mais toute peine mérite sa récompense et je ne vous réclamerais que mille doublons.
– Mille doublons ? D'accord pour cinquante mille ! » s'écria le maire avec enthousiame.
Le joueur de flûte sortit sur la place et décrocha son instrument. Il le porta à ses lèvres et commença à jouer. Dans ses yeux brillait une flamme étrange. On entendit un murmure dans la ville, puis

un pipeau : une petite flûte à bec

le Khan : titre donné au roi des Mongols

le Nizam : titre que se donnent les rois indiens de la région d'Hyderabad

une horde : un groupe d'animaux errants

le calife : le chef des croyants dans la religion musulmane

dévaster : saccager

un doublon : une ancienne monnaie d'or espagnole

un grondement, comme un orage qui approche. Et soudain un fracas assourdissant fit trembler les rues et les maisons.

« Les rats ! Les rats s'en vont ! » hurlèrent les braves habitants de Hamelin.

De gros rats bien gras, de petits rats fluets comme des anguilles, de bons gros rats aussi robustes que des marcassins, bruns, noirs, gris, roux, des jeunes ratons vigoureux aux vieux rats efflanqués, ils marchaient tous au rythme de la musique.

un fracas : un bruit violent

fluet : mince

un marcassin : le petit du sanglier

efflanqué : très maigre

Pères, mères, enfants, cousins, cousines, oncles et tantes, des familles entières remuèrent la queue, redressèrent les moustaches et suivirent le joueur de flûte. Les rats surgirent de partout. Saisis par la mélodie, ils se haussèrent sur leurs pattes arrière, bondirent et exécutèrent des cabrioles.

Le joueur de flûte les entraîna au sud de la ville, où coulait la Weser. Il s'arrêta au bord du fleuve et ce fut un terrible spectacle. Les rongeurs, emportés dans leur course, furent précipités dans les flots. Ils basculèrent les uns par-dessus les autres, queues et pattes s'entremêlèrent et tous les rats furent emportés par le courant. Il ne resta plus un seul envahisseur dans la ville de Hamelin. Un gros rat des rivières échappa pourtant à l'hécatombe et raconta à ses amis de Hanovre ce qui s'était passé : « Aux premières notes aiguës de la flûte, j'imaginais qu'on grattait des tripes, un peu après que des pommes merveilleusement mûres tombaient dans le pressoir. Puis je

une mélodie : une musique, un air

se hausser : se mettre sur la pointe des pattes

des cabrioles : des petits bonds

la Weser : fleuve d'Allemagne qui se jette dans la mer du Nord

une hécatombe : un massacre

un pressoir : une machine qui presse les fruits pour en extraire le jus

surpris un craquement, comme si on bougeait un pot de confiture ou un bocal à cornichons. Ce pouvait être aussi les portes d'un garde-manger qu'on laissait entrouvertes. Une voix semblait me dire : "Réjouis-toi petit rat ! Le monde n'est qu'une immense épicerie. Mange, ronge, grignote, dévore ! La terre entière t'appartient." Et au moment où j'allais me jeter sur un magnifique baril de sucre blanc, je fus basculé dans les eaux profondes. »

Quelle fut la joie des habitants de Hamelin, lorsqu'ils virent les rats s'enfuir ! Ils sonnèrent les cloches à en faire vaciller la cathédrale. On déboucha des tonneaux de la meilleure bière, et on leva son verre : « Que notre ville prospère et apporte la joie à tous ses habitants. » Tous rirent, dansèrent et festoyèrent. Quelle allégresse ! On ne vit jamais aussi belle fête à Hamelin. Pour la première fois, le maire s'agita : « Allez prendre de longs bâtons, cria-t-il, fourrez-les dans les nids et bouchez bien les trous. Que les charpentiers

grignoter : manger lentement et par petites quantités

un baril : un petit tonneau

vaciller : pencher d'un côté puis de l'autre

prospérer : s'enrichir

festoyer : faire un repas de fête très copieux

l'allégresse : une joie très vive

fourrer : mettre *(langage familier)*

et les maçons s'organisent et qu'on ne trouve plus une seule trace des rats dans la ville. »

Alors qu'il disait cela, le joueur de flûte apparut sur la place. Il s'approcha du maire et des conseillers.

« Voilà, je me suis acquitté d'une tâche, et à présent j'aimerais mes mille doublons.

– Mille doublons ! s'écria le maire. Jamais de la vie ! Donner mille doublons à un vagabond en tunique jaune et rouge pour un tel travail, c'est une plaisanterie ! Que restera-t-il à Hamelin pour fêter cet événement ? »

Et il se retourna vers l'assemblée : « Mes amis, le désastre qui s'est abattu sur la ville n'est plus qu'un vieux souvenir. Les rats ne nous embêteront plus.

– Prends ces cinquante doublons, dit-il au joueur de flûte, c'est tout ce que je peux te donner. »

Et ce brave homme ajouta avec malice : « Nous avons tous vu la vermine se noyer, ce qui est mort ne revit pas, je pense ? »

Le joueur de flûte ne sourcilla pas. Il se tourna vers les conseillers et leur dit : « Vous n'êtes que des fripons et des ingrats. Sachez seulement qu'il ne faut

s'acquitter : accomplir quelque chose que l'on doit faire

un vagabond : une personne sans travail et sans maison

avec malice : avec l'intention de mal faire avec adresse et finesse

ne pas sourciller : ne pas montrer son émotion

un fripon : un voleur

un ingrat : quelqu'un qui n'est pas reconnaissant

pas me mettre en colère, vous m'obligeriez à flûter d'une tout autre manière.
– Écoutez donc ce vaurien ! Crois-tu nous impressionner avec ton pipeau et ta tunique de bouffon ! hurla le maire, puis il reprit son souffle. Tes menaces ne nous touchent pas ! Prends ta brave flûte et va-t'en au plus vite de cette ville ! »
Le joueur de flûte garda le silence un moment, puis il décrocha son instrument et le porta à ses lèvres pour la seconde fois.
Une mélodie envoûtante s'éleva dans la ville. On entendit des murmures et des appels étouffés, puis des groupes joyeux se poussèrent et se bousculèrent. De petits sabots frappèrent les rues pavées, des menottes applaudirent, des rires leur firent écho. Tous les petits garçons et les petites filles de la ville, les joues roses et les yeux brillants, apparurent : ils sautaient et bondissaient, entraînés par la musique.
Le maire et les conseillers furent pris de stupeur en voyant le joueur de flûte

flûter : jouer de la flûte

un vaurien : un voyou

envoûtant : ensorcelant

étouffé : qu'on entend à peine

les menottes : les mains des jeunes enfants

faire écho : répondre

la stupeur : un étonnement qui paralyse

s'engager sur la Rue Principale suivi par tous les petits Hamelinois.
Lorsque l'homme à la tunique jaune et rouge prit la direction du fleuve, les habitants s'affolèrent, ils appelèrent leurs enfants. En vain ! Ils allaient bientôt arriver au bord de l'eau ! Mais soudain la troupe tourna vers l'ouest, et gravit le mont Koppelberg. Les habitants poussèrent des soupirs de soulagement.
« Ils ne pourront jamais franchir la haute cime, dirent-ils, le joueur de flûte devra arrêter sa musique et nos enfants seront sauvés. »
Mais alors que le cortège joyeux atteignait le flanc de la montagne, un rocher roula et découvrit une caverne. Les enfants s'y précipitèrent derrière le joueur de flûte. Et lorsque tous furent entrés jusqu'au dernier, la porte se referma.
On ne les revit plus jamais.
Cependant un jeune garçon avait échappé à la catastrophe. Lorsque le cortège était passé près de la rivière, l'enfant avait posé le pied sur une ronce et, freiné dans

en vain : inutilement

gravir : grimper sur

la cime : le sommet

le flanc : le côté

ses cabrioles, il n'avait pu accompagner les autres. Il arriva en pleurs à Hamelin. « Je me suis perdu », dit-il à sa mère entre deux sanglots.
Avec quel bonheur et quel soulagement elle le prit dans ses bras ! Elle le serra contre son cœur, l'embrassa et le rassura. Le petit garçon put enfin s'expliquer : « Le joueur de flûte voulait m'emmener au Pays du Bonheur. Il m'a raconté que là-bas, il y a plein de fontaines merveilleuses. Les fleurs y sont de toutes les couleurs, les oiseaux chantent nuit et jour. Et surtout, les mouches à miel ne piquent

en pleurs : en larmes

les sanglots : le bruit que fait quelqu'un qui pleure très fort

pas. Les chevaux naissent d'ailleurs avec des ailes. Mais hélas, tous les enfants sont entrés au Pays du Bonheur, et ils m'ont oublié ! »

Le maire envoya immédiatement des messagers au nord, au sud, en Orient et en Occident : il proposait au joueur de flûte de l'argent et de l'or tant qu'il en désirait, s'il voulait seulement ramener les enfants. Mais en vain ! Personne n'avait vu, ni entendu parler du musicien et de ses danseurs.

Depuis ce jour, on peut lire sur tous les documents officiels de Hamelin : « Souvenons-nous de ce terrible événement survenu le 22 juillet 1376. » Les conseillers firent élever sur la Grande Place une haute colonne en l'honneur des disparus. Et pour mieux fixer dans la mémoire le lieu du tout dernier passage des enfants, ils le nommèrent Passage du Joueur de Flûte.

Cette histoire est peinte sur le grand vitrail de la cathédrale et, lorsqu'on la visite, on peut encore lire comment les enfants de Hamelin furent dérobés.

un vitrail : une vitre composée de petits morceaux de verre colorés et assemblés par du plomb pour former des dessins

dérobé : enlevé, kidnappé

Enfin, il ne faut pas oublier de vous dire qu'il existe en Transylvanie un petit village qui intrigue beaucoup ses voisins. Ses habitants s'habillent selon une mode inconnue et affirment que leurs ancêtres ont surgi de quelque prison souterraine. Mais comment et pourquoi, ils l'ignorent.

la Transylvanie : région du centre de la Roumanie célèbre pour ses légendes

un ancêtre : une personne de la famille plus éloignée que les grands-parents

Alphonse Daudet

La chèvre de M. Seguin

Illustré par Jean-Louis Goussé

À M. Pierre Gringoire,
poète lyrique à Paris

Tu seras bien toujours le même, mon pauvre Gringoire !
Comment ! on t'offre une place de chroniqueur dans un bon journal de Paris, et tu as l'aplomb de refuser… Mais regarde-toi, malheureux garçon ! Regarde ce pourpoint troué, ces chausses en déroute, cette face maigre qui crie la faim. Voilà pourtant où t'a conduit la passion des belles rimes ! Voilà ce que t'ont valu dix ans de loyaux services dans les pages du sire Apollo… Est-ce que tu n'as pas honte, à la fin ?

Pierre Gringoire : ami d'Alphonse Daudet

lyrique : dont l'œuvre accorde une place importante aux sentiments

un chroniqueur : un journaliste qui tient toujours la même rubrique

l'aplomb : l'insolence

un pourpoint : une sorte de veste que les hommes portaient autrefois

des chausses : un pantalon *(mot ancien)*

en déroute : très abîmé

une rime : la répétition d'un même son à la fin d'un vers

Brébant : célèbre restaurateur parisien à la fin du XIXe siècle

la première : la première représentation d'un spectacle

une barrette : une sorte de bonnet plat

à ta guise : comme cela te plaît

consterné : désolé, attristé

Fais-toi donc chroniqueur, imbécile ! fais-toi chroniqueur ! Tu gagneras de beaux écus à la rose, tu auras ton couvert chez Brébant, et tu pourras te montrer les jours de première avec une plume neuve à ta barrette…

Non ? Tu ne veux pas ? Tu prétends rester libre à ta guise jusqu'au bout… Eh bien, écoute un peu l'histoire de *la chèvre de M. Seguin*. Tu verras ce que l'on gagne à vouloir vivre libre.

M. Seguin n'avait jamais eu de bonheur avec ses chèvres.

Il les perdait toutes de la même façon ; un beau matin, elles cassaient leur corde, s'en allaient dans la montagne, et là-haut le loup les mangeait. Ni les caresses de leur maître, ni la peur du loup, rien ne les retenait. C'était, paraît-il, des chèvres indépendantes, voulant à tout prix le grand air et la liberté.

Le brave M. Seguin, qui ne comprenait rien au caractère de ses bêtes, était consterné. Il disait :

« C'est fini ; les chèvres s'ennuient chez moi ; je n'en garderai pas une. »

Cependant, il ne se découragea pas, et, après avoir perdu six chèvres de la même manière, il en acheta une septième ; seulement, cette fois, il eut soin de la prendre toute jeune, pour qu'elle s'habituât à demeurer chez lui.

avoir soin : faire attention

demeurer : rester

une houppelande : un vaste et long manteau

Esméralda : bohémienne, héroïne du roman de Victor Hugo *Notre-Dame de Paris*

une écuelle : un récipient creux sans rebord

un clos : un terrain entouré d'une haie

Ah ! Gringoire, qu'elle était jolie la petite chèvre de M. Seguin ! qu'elle était jolie avec ses yeux doux, sa barbiche de sous-officier, ses sabots noirs et luisants, ses cornes zébrées et ses longs poils blancs qui lui faisaient une houppelande ! C'était presque aussi charmant que le cabri d'Esméralda – tu te rappelles, Gringoire ? – et puis, docile, caressante, se laissant traire sans bouger, sans mettre son pied dans l'écuelle. Un amour de petite chèvre...

M. Seguin avait derrière sa maison un clos entouré d'aubépines. C'est là qu'il mit la nouvelle pensionnaire. Il l'attacha à un pieu au plus bel endroit du pré, en ayant soin de lui laisser beaucoup de corde, et de temps en temps il venait voir si elle était bien. La chèvre se trouvait très heureuse et broutait l'herbe de si bon cœur que M. Seguin était ravi.

« Enfin, pensait le pauvre homme, en voilà une qui ne s'ennuiera pas chez moi ! »

M. Seguin se trompait, sa chèvre s'ennuya.

Un jour, elle se dit en regardant la montagne :
« Comme on doit être bien là-haut ! Quel plaisir de gambader dans la bruyère, sans cette maudite longe qui vous écorche le cou !... C'est bon pour l'âne ou pour le bœuf de brouter dans un clos !... Les chèvres, il leur faut du large. »
À partir de ce moment, l'herbe du clos lui parut fade. L'ennui lui vint. Elle maigrit, son lait se fit rare. C'était pitié de la voir tirer tout le jour sur sa longe, la tête tournée du côté de la montagne, la narine ouverte, en faisant *Mê !...* tristement. M. Seguin s'apercevait bien que sa chèvre avait quelque chose, mais il ne savait pas ce que c'était... Un matin, comme il achevait de la traire, la chèvre se retourna et lui dit dans son patois :
« Écoutez, monsieur Seguin, je me languis chez vous, laissez-moi aller dans la montagne.
– Ah ! mon dieu !... Elle aussi ! » cria M. Seguin stupéfait, et du coup il laissa

gambader :
faire des cabrioles de-ci de-là

une longe :
une corde qui sert à attacher un animal

écorcher :
mettre à vif

brouter :
manger de l'herbe

du large :
de l'espace

fade :
sans aucun goût

son patois :
son langage

se languir :
s'ennuyer

tomber son écuelle ; puis s'asseyant dans l'herbe à côté de sa chèvre :
« Comment, Blanquette, tu veux me quitter ! »
Et Blanquette répondit :
« Oui, monsieur Seguin.
– Est-ce que l'herbe te manque ici ?
– Oh ! non ! monsieur Seguin.
– Tu es peut-être attachée de trop court, veux-tu que j'allonge la corde ?
– Ce n'est pas la peine, monsieur Seguin.
– Alors, qu'est-ce qu'il te faut ? qu'est-ce que tu veux ?
– Je veux aller dans la montagne, monsieur Seguin.
– Mais, malheureuse, tu ne sais pas qu'il y a le loup dans la montagne... Que ferastu quand il viendra ?...
– Je lui donnerai des coups de corne, monsieur Seguin.
– Le loup se moque bien de tes cornes. Il m'a mangé des biques autrement encornées que toi... Tu sais bien la pauvre vieille Renaude qui était ici l'an dernier ? une maîtresse chèvre, forte et

une bique : une chèvre *(langage familier)*

autrement encornée que toi : avec de bien plus grandes cornes que toi

maîtresse : grosse, énorme

méchante comme un bouc. Elle s'est battue avec le loup toute la nuit… puis, le matin, le loup l'a mangée.
– Pécaïre ! Pauvre Renaude !… Ça ne fait rien, monsieur Seguin, laissez-moi aller dans la montagne.
– Bonté divine !… dit M. Seguin ; mais qu'est-ce qu'on leur fait donc à ces chèvres ? Encore une que le loup va me manger… Et bien, non… je te sauverai malgré toi, coquine ! et de peur que tu ne rompes ta corde, je vais t'enfermer dans l'étable et tu y resteras toujours. »
Là-dessus, M. Seguin emporta la chèvre dans une étable toute noire, dont il ferma

pécaïre : le pauvre *(en provençal)*

rompre : casser

une étable : un bâtiment réservé aux animaux

la porte à double tour. Malheureusement, il avait oublié la fenêtre, et à peine eut-il le dos tourné que la petite s'en alla... Tu ris, Gringoire ? Parbleu ! je crois bien ; tu es du parti des chèvres, toi, contre ce bon M. Seguin... Nous allons voir si tu riras tout à l'heure.

Quand la chèvre blanche arriva dans la montagne, ce fut un ravissement général. Jamais les vieux sapins n'avaient rien vu d'aussi joli. On la reçut comme une petite reine. Les châtaigniers se baissaient jusqu'à terre pour la caresser du bout de leurs branches. Les genêts d'or s'ouvraient sur son passage, et sentaient bon tant qu'ils pouvaient. Toute la montagne lui fit fête.

Tu penses, Gringoire, si notre chèvre était heureuse ! Plus de corde, plus de pieu... rien qui l'empêchât de gambader, de brouter à sa guise... C'est là qu'il y en avait de l'herbe ! jusque par-dessus les cornes, mon cher !... Et quelle herbe ! Savoureuse, fine, dentelée, faite de mille

parbleu : juron équivalent à « bien sûr »

être du parti : être du côté

un genêt : un arbrisseau aux fleurs jaunes

savoureux : délicieux

dentelé : en forme de dents

une campanule : une plante dont les fleurs ont la forme de petites cloches

une digitale : une plante dont les fleurs ont la forme de doigts

pourpre : rouge foncé

le calice : la coupe formée par les pétales d'une fleur

un suc : un jus

capiteux : qui fait tourner la tête, enivrant

se vautrer : se coucher

le maquis : dans les régions méditerranéennes, terrain couvert d'une végétation basse et touffue

les buissières : les endroits plantés de buis

l'écume : une mousse blanchâtre

ruisselant : trempé

plantes… C'était bien autre chose que le gazon du clos. Et les fleurs donc ! De grandes campanules bleues, des digitales de pourpre à longs calices, toute une forêt de fleurs sauvages débordant de sucs capiteux !…

La chèvre blanche, à moitié soûle, se vautrait là-dedans les jambes en l'air et roulait le long des talus, pêle-mêle avec les feuilles tombées et les châtaignes… Puis, tout à coup, elle se redressait d'un bond sur ses pattes. Hop, la voilà partie la tête en avant, à travers les maquis et les buissières, tantôt sur un pic, tantôt au fond d'un ravin, là-haut, en bas, partout… On aurait dit qu'il y avait dix chèvres de M. Seguin dans la montagne.

C'est qu'elle n'avait peur de rien, la Blanquette.

Elle franchissait d'un saut de grands torrents, qui l'éclaboussaient au passage de poussière humide et d'écume. Alors toute ruisselante, elle allait s'étendre sur quelque roche plate et se faisait sécher au soleil… Une fois, s'avançant au bord d'un plateau, une fleur de cytise aux dents, elle aperçut en bas, tout en bas dans la plaine, la maison de M. Seguin avec le clos derrière. Cela la fit rire aux larmes.

« Que c'est petit ! dit-elle ; comment ai-je pu tenir là-dedans ? »

Pauvrette ! de se voir si haut perchée, elle se croyait au moins aussi grande que le monde…

En somme, ce fut une bonne journée pour la chèvre de M. Seguin. Vers le milieu du jour, en courant de droite et de gauche, elle tomba dans une troupe de chamois en train de croquer une lambrusque à belles dents. Notre petite coureuse en robe blanche fit sensation. On lui donna la meilleure place à la lambrusque, et tous ces messieurs furent très galants… Il paraît même – ceci doit rester entre nous, Gringoire, – qu'un jeune chamois à pelage noir eut la bonne fortune de plaire à Blanquette. Les deux amoureux s'égarèrent parmi le bois une heure ou deux, et si tu veux savoir ce qu'ils se dirent, va le demander aux sources

un cytise : un arbuste à fleurs jaune d'or en grappes

en somme : finalement

un chamois : mammifère très agile aux cornes recourbées qui vit dans la montagne

une lambrusque : une vigne redevenue sauvage

galant : attentionné

la bonne fortune : le bonheur

s'égarer : se perdre

bavardes qui courent invisibles dans la mousse.
Tout à coup le vent fraîchit. La montagne devint violette ; c'était le soir...
« Déjà ! » dit la petite chèvre ; et elle s'arrêta fort étonnée.
En bas, les champs étaient noyés de brume. Le clos de M. Seguin disparaissait dans le brouillard, et de la maisonnette on ne voyait plus que le toit avec un peu de fumée. Elle écouta les clochettes d'un troupeau qu'on ramenait, et se sentit l'âme toute triste... Un gerfaut, qui rentrait, la frôla de ses ailes en passant. Elle tressaillit... puis ce fut un hurlement dans la montagne :
« Hou ! hou ! »
Elle pensa au loup ; de tout le jour la folle n'y avait pas pensé... Au même moment une trompe sonna bien loin dans la vallée. C'était ce bon M. Seguin qui tentait un dernier effort.
« Hou ! hou ! faisait le loup.
– Reviens ! reviens !... » criait la trompe.

un gerfaut : un grand faucon au plumage clair, quelquefois blanc

frôler : toucher légèrement

tressaillir : avoir un brusque mouvement du corps

Blanquette eut envie de revenir ; mais en se rappelant le pieu, la corde, la haie du clos, elle pensa que maintenant elle ne pouvait plus se faire à cette vie, et qu'il valait mieux rester.

La trompe ne sonnait plus…

La chèvre entendit derrière elle un bruit de feuilles. Elle se retourna et vit dans l'ombre deux oreilles courtes, toutes droites, avec deux yeux qui reluisaient… C'était le loup.

Énorme, immobile, assis sur son train de derrière, il était là regardant la petite chèvre blanche et la dégustant par avance. Comme il savait bien qu'il la mangerait, le loup ne se pressait pas ; seulement, quand elle se retourna, il se mit à rire méchamment.

« Ha ! ha ! la petite chèvre de M. Seguin » ; et il passa sa grosse langue rouge sur sa babine d'amadou.

Blanquette se sentit perdue… Un moment, en se rappelant l'histoire de la vieille Renaude, qui s'était battue toute la nuit pour être mangée le matin, elle se dit

reluire : briller

le train de derrière : la partie postérieure d'un animal

les babines : les lèvres d'un animal, ici du loup

d'amadou : de couleur noirâtre

qu'il vaudrait peut-être mieux se laisser manger tout de suite ; puis, s'étant ravisée, elle tomba en garde, la tête basse et la corne en avant, comme une brave chèvre de M. Seguin qu'elle était… Non pas qu'elle eût l'espoir de tuer le loup – les chèvres ne tuent pas le loup, – mais seulement pour voir si elle pourrait tenir aussi longtemps que la Renaude…

se raviser : changer d'avis

Alors le monstre s'avança, et les petites cornes entrèrent en danse.

entrer en danse : se mettre en action

Ah ! la brave chevrette, comme elle y

allait de bon cœur ! Plus de dix fois, je ne mens pas, Gringoire, elle força le loup à reculer pour reprendre haleine. Pendant ces trêves d'une minute, la gourmande cueillait en hâte encore un brin de sa chère herbe ; puis elle retournait au combat la bouche pleine... Cela dura toute la nuit. De temps en temps la chèvre de M. Seguin regardait les étoiles danser dans le ciel clair et elle se disait :
« Oh ! pourvu que je tienne jusqu'à l'aube... »

reprendre haleine : reprendre sa respiration

une trêve : un arrêt des combats, un répit

en hâte : très vite

l'aube : le moment où le jour se lève

redoubler : donner encore plus

une métairie : une ferme

un ménager : un exploitant agricole

traduction du provençal : la chèvre de monsieur Seguin, qui se battit toute la nuit avec le loup, et puis, le matin le loup la mangea

L'une après l'autre, les étoiles s'éteignirent. Blanquette redoubla de coups de cornes, le loup de coups de dents… Une lueur pâle parut dans l'horizon… Le chant d'un coq enroué monta d'une métairie.
« Enfin ! » dit la pauvre bête, qui n'attendait plus que le jour pour mourir ; et elle s'allongea par terre dans sa belle fourrure blanche toute tachée de sang… Alors le loup se jeta sur la petite chèvre et la mangea.

Adieu Gringoire !
L'histoire que tu as entendue n'est pas un conte de mon invention. Si jamais tu viens en Provence, nos ménagers te parleront souvent de la *cabro de moussu Seguin, que se battégue touto la neui emé lou loup, e piei lou matin lou loup la mangé.*
Tu m'entends bien, Gringoire !
E piei lou matin lou loup la mangé.

Marc Cantin

Le meilleur papa du monde

Illustré par Brigitte Perdreau

Chapitre 1

La plus grande maison du monde

Parfois, maman dit à papa qu'il est fou.
Parfois, je pense que maman n'a pas tort.
En fait, mon père a une manie, comme un tic, comme quand on cligne de l'œil sans pouvoir s'en empêcher : mon père veut toujours être meilleur que tout le monde ; il veut être champion du monde de tout !
Si, juré.
Par exemple, mon père a la plus grosse voiture du monde. Elle est aussi grosse qu'un bateau, elle est rouge et une seule de ses roues pourrait écraser un bulldozer. Quand mon père allume les phares, tout le quartier est éclairé.

une manie : une habitude bizarre

un tic : un geste que l'on fait malgré soi

un bulldozer : un engin très puissant qui déblaie les terrains

Mais la voiture de mon père est tellement grosse qu'il ne peut pas la conduire : ses pieds ne touchent pas les pédales, ses mains ne peuvent plus attraper le volant.

stupide : idiot

– C'est stupide, a déclaré un jour maman en regardant l'énorme voiture qui bouche tout le paysage devant la maison.

– C'est peut-être stupide, a répondu papa, mais j'ai la plus grosse voiture du monde. Elle est à moi. Votre père est champion du monde des grosses voitures, nous a-t-il répété fièrement à ma sœur et à moi.

fièrement : avec orgueil

– Tu es fou, a dit maman.

Maintenant, mon père est à la recherche du plus grand chauffeur du monde pour conduire sa voiture-cachalot.

un cachalot : un énorme mammifère marin

Notre maison aussi est la plus grande du monde. Elle est si grande qu'on s'y déplace en patins à roulettes. Elle est tellement immense qu'on s'y perd ; papa a été obligé de mettre des panneaux fléchés pour qu'on retrouve nos chambres. On a chacun notre chambre avec ma sœur, mais les chambres sont tellement grandes qu'on a préféré

un panneau fléché : une pancarte qui indique une direction

partager celle de ma sœur. Et même pour deux, la chambre ressemble à une salle de sports.
Notre maison est plus grande que le plus grand des hypermarchés.
Et il y a trois étages.
Pour ouvrir les fenêtres, maman a été obligée d'apprendre à marcher sur des échasses.

des échasses : deux longs bâtons munis de supports où l'on pose les pieds pour marcher à une certaine hauteur du sol

Papa a absolument tenu à faire construire la plus grande baignoire du monde. À part qu'il faut grimper sur une échelle pour y accéder, c'est une très belle piscine.
– Tomy ? Tooomy ! Tomy ?
Zut, ça c'est ma sœur qui me cherche.

– Tomy ! Qu'est-ce que tu fais encore dans le placard à balais ?
Elle connaît toutes mes cachettes.
– Alors, réponds !
Elle est plus vieille que moi ; elle se prend pour ma mère dès que maman a le dos tourné.
– Réponds ou je dis à maman que tu étais dans le placard à balais.
– J'aime bien être à l'étroit, ça t'dérange ? je réponds en sortant du placard.
– Ça ne me dérange pas si tu réponds quand je t'appelle. C'est l'heure de manger, viens. Et ne crie pas en arrivant dans la salle à manger, maman est sur ses échasses pour fermer les volets. Tu sais bien que le moindre bruit lui fait perdre l'équilibre.
Je remets mes patins à roulettes.
– Ça n'empêche pas de faire la course, me dit ma sœur en partant devant.
– Tricheuse ! je crie en essayant de la rattraper.
Le soir, papa rentre du travail après la fin du dîner. Son métier, c'est vétérinaire, et

un vétérinaire : un médecin qui soigne les animaux

comme il est le meilleur vétérinaire du monde, il a beaucoup de travail.

Donc, avant que nous allions nous coucher, pendant qu'il grignote les restes froids dans nos assiettes, papa nous raconte une nouvelle histoire, une histoire extraordinaire, la plus extraordinaire du monde.

– Aujourd'hui, a dit papa un soir, un roi indien m'a présenté son éléphant savant. Il parlait très bien notre langue pour un éléphant. Eh bien figurez-vous que ce roi indien est venu me voir pour que je soigne son éléphant qui souffrait de trous de mémoire. C'est très ennuyeux pour un éléphant savant.

– Et kèstafait ? je demande vite fait.

– Mmm, répond papa en avalant une bouchée. Je lui ai appris à écrire et il est reparti avec un petit carnet et un crayon. C'est le meilleur remède du monde contre les trous de mémoire.

– Ouah ! admire ma sœur.

– Ouah ! je répète en écarquillant des yeux tout ronds.

grignoter : manger lentement et par petites quantités

extraordinaire : incroyable

kèstafait : qu'est-ce que tu as fait *(langage texto)*

un remède : une solution

écarquiller : ouvrir très grand

– Et tu lui as appris à écrire en une seule journée ? s'étonne ma sœur.
– C'est un éléphant savant ! j'explique à ma sœur.
Le silence s'installe pendant que papa termine son dessert.
– Et maintenant, c'est l'heure d'aller au lit ! décrète maman. Allez, hop, remettez vos patins à roulettes et direction la chambre.

décréter : décider

Chapitre 2

Monsieur Ernest

Ce soir, une surprise nous attend. Papa a téléphoné de son travail pour dire qu'il serait un peu plus en retard que d'habitude, mais que nous devions l'attendre : il avait une surprise pour nous.

– Heureusement, demain c'est mercredi, soupire maman qui s'attend déjà au pire. Mais que le lendemain soit un mercredi, un jeudi ou un vendredi n'allait pas changer grand-chose ; maman ne savait pas encore que la surprise de papa allait complètement changer notre vie, pour toujours. Il y avait eu la vie d'avant la

le pire : ce qu'il y a de plus terrible

surprise, et il y aurait la vie d'après la surprise.
– Une surprise de plus, soupire à nouveau maman, sans se douter que cette surprise-là n'avait rien à voir avec les précédentes. Rien à voir et bien pire.
– Qu'est-ce qu'il a encore trouvé ? Le plus grand vélo du monde ? Après la plus grosse voiture, la plus grosse caravane, peut-être ?
C'est alors qu'un bruit sourd se fait entendre ; un bruit de grosse caisse remplie de coton : un bruit sourd, quoi.
Puis le sol de notre maison se met à trembler. Mais pas comme un tremblement de terre. Non, de façon rythmée, de façon répétée et rapprochée, de façon effrayante... de plus en plus effrayante. Nos patins à roulettes, bien rangés à l'entrée de la cuisine, se mettent à rouler tout seuls. Les assiettes frissonnent sur la table, l'eau clapote dans les verres...
Chaque nouvelle détonation est plus puissante que la précédente.

sourd : étouffé

de façon rythmée : en cadence

frissonner : trembler

clapoter : s'agiter en faisant un léger bruit

une détonation : un bruit d'explosion

un lustre : un appareil d'éclairage à plusieurs lampes suspendu au plafond

tinter : faire un petit bruit cristallin

y'en a marre : il y en a assez *(langage familier)*

un maniaque : un malade mental qui a des idées fixes

un cinglé : un fou *(langage familier)*

Nos fesses se décollent de nos chaises, le lustre va et revient, les verres tintent dans les placards et maman ouvre de grands yeux-soucoupes dans lesquels on peut lire : « Sauve qui peut ! »
Mais soudain, tout s'arrête.
Fini, plus un bruit.
Silence avant d'entendre les voix des voisins :
– Y'en a marre !
– On va appeler la police !
– C'est encore le maniaque et sa voiture géante !
– Ça vient sûrement de la maison des cinglés !
Puis la voix de mon père :

– Restez calmes, tout va bien. Excusez-moi du dérangement.
– Qu'est-ce qu'il a encore inventé cette fois ? Oh, mon Dieu !
– C'est pas possible !
– Cette fois, ça dépasse les bornes !
La cote de notre famille semble au plus bas quand un cri atomique renvoie les râleurs à leur niche.
Maman est pétrifiée. Ce cri terrifiant semble l'avoir changée en pierre. C'était comme un coup de canon sorti de la bouche d'un dragon.
Papa aurait-il trouvé le plus grand dragon du monde ? Pff, les dragons, ça n'existe pas.
– Un... un... UN CHIEN ! devine soudain la statue de maman qui a retrouvé la parole.
– UN CHIEN ? répète ma sœur.
– UN CHIEN ! SUPER ! je hurle en fonçant vers la porte.
– Un... un chienchien, bégaye ma mère en se métamorphosant en robot d'acier. Malgré ses jambes et ses bras tout raides,

dépasser les bornes : aller trop loin

la cote : la popularité

atomique : aussi énorme qu'une explosion atomique

pétrifié : immobile à cause d'un sentiment violent

bégayer : parler avec difficulté en répétant plusieurs syllabes

se métamorphoser : se transformer

elle aussi se dirige vers la porte.
– Surprise, dit papa au moment où on ouvre la porte d'entrée.
Pour une surprise… Nos yeux mettent une bonne minute à remonter le long de ces pattes interminables et de ce corps gigantesque avant d'apercevoir une tête couverte de poils.
– Il faudrait une grue pour le caresser, je me dis à moi-même.
– Surprise, surprise, répète mon père sans lâcher sa laisse d'un kilomètre de long.
– Mon Dieu, lâche maman en se tordant les doigts.
– Je vous présente Monsieur Ernest, le plus grand chien du monde. Monsieur Ernest, saluez la famille, s'il vous plaît.
Les deux aboiements joyeux qui suivent nous projettent sur les fesses pendant que les volets des maisons voisines claquent tour à tour.

Et quand Monsieur Ernest tend vers nous sa patte de mammouth…

une grue : une machine comportant un long bras et utilisée pour construire des immeubles

de mammouth : aussi grosse que celle d'un mammouth, énorme éléphant de l'époque préhistorique

– AU SECOURS ! hurle maman en retournant s'enfermer dans la maison avec chacun de ses enfants (c'est-à-dire ma sœur et moi) sous chacun de ses bras.
– Revenez, il n'est pas méchant, assure papa de l'autre côté de la porte.
Il a fallu supplier, pleurer, resupplier et repleurer, pour que maman accepte enfin de rouvrir la porte.

supplier : demander avec insistance

– C'est vrai qu'il n'a pas l'air méchant, je dis.
– Bonjour, Monsieur Ernest, enchaîne ma sœur.

Cette fois, Monsieur Ernest n'aboie pas. Il se couche sur notre pelouse aussi grande qu'un terrain de foot et approche son énorme museau. L'air qui sort de sa truffe provoque un agréable courant d'air chaud.

la truffe : le nez d'un chien

– On peut le caresser ? je demande à mon père.
– Bien sûr. Monsieur Ernest est le plus doux de tous les chiens du monde.
Alors nos mains, puis nos bras, puis nos

épaules, disparaissent dans les poils épais qui recouvrent la tête de Monsieur Ernest.
– C'est tout doux ! je dis.
– C'est agréable ! ajoute ma sœur.
– Regardez comme il aime bien vos caresses.
Mon père a raison. Monsieur Ernest ferme les yeux de plaisir. Il pousse des petits gémissements de satisfaction.
– Attention, il bave ! s'écrie maman.
– C'est normal, il est content, explique papa.
Mais la bave prend vite des proportions inquiétantes. On en a déjà jusqu'aux chaussettes !
– Rentrez, dit maman en tentant d'empêcher la marée bouillonnante d'entrer dans la maison.
– Vite ! ordonne-t-elle sans lâcher son balai-brosse.

un gémissement : un cri faible et plaintif

baver : laisser couler sa salive

des proportions : importance plus ou moins grande

une marée bouillonnante : un flot qui forme de grosses bulles

Chapitre 3

Voilà d'l'orage !

Le mercredi matin, pas de réveil. C'est génial. On dort autant qu'on veut. On peut rester au lit jusqu'à midi si on en a envie.

génial : formidable

Sauf quand Monsieur Ernest se met à hurler à sept heures du matin.

hurler : pousser un cri violent

– Il ne veut pas me laisser partir travailler, nous explique papa. Et quand les voisins ont commencé à nous lancer des vieilles savates, ça n'a rien arrangé.

une savate : une vieille chaussure

On regarde par la fenêtre.
Monsieur Ernest tremble de tous ses poils au milieu des chaussures usées.

– Le pauvre, dit maman qui a le plus grand cœur du monde.

une cuvette : une bassine

Et elle est allée lui apporter une cuvette de viande fraîche.
Il avait très faim. Il a tout mangé. Même la cuvette.

– Charmant, note maman un peu vexée.
– Il est encore jeune, répond papa pour la rassurer.
Maman part s'enfermer dans la salle de bains.
« Ma chérie, ma chérie », dit papa en essayant de la rattraper.
Avec ma sœur, on en profite pour aller s'habiller vite fait.
– Prends ma balle, je dis à ma sœur. Les chiens, ça aime jouer à la balle.
– Tu ne pourras jamais la lancer assez loin pour lui.
– Tu rigoles, c'est moi qui lance le plus loin à l'école. Au ballon-prisonnier…
– D'accord, d'accord, coupe ma sœur, on prend ta balle. Mais je prends aussi le Frisbee.
En deux coups de patins à roulettes, on est à la porte d'entrée.
– Bonjour, Monsieur Ernest ! on dit en chœur. Monsieur Ernest relève les oreilles. Sa queue frappe joyeusement la pelouse en creusant une tranchée.
Monsieur Ernest se relève ; sa longue

charmant : ici dans le sens désagréable

vexé : blessé dans son amour-propre

couper : interrompre

un frisbee : un disque de plastique que se lancent des joueurs

en chœur : ensemble

langue rouge apparaît au milieu de sa tête poilue.
Il aboie.
Dans la rue d'en face, Madame Glochot, myope comme une taupe et sourde comme un pot depuis plus de vingt ans, regarde le ciel d'un air curieux. « Voilà d'l'orage », semble-t-elle dire de son air toujours mécontent.

myope comme une taupe : qui ne voit rien

sourde comme un pot : qui n'entend rien

Monsieur Ernest est de plus en plus impatient. Il gratte le sol : une pelleteuse ne ferait pas mieux.

une pelleteuse : un engin utilisé pour creuser

– Lance-lui la balle, me dit ma sœur. Ou il va creuser une piscine.
Je prends la balle.
– Ksss, ksss, t'as vu la balle ? je fais en lui montrant ma belle balle jaune et bleue.
Je crache un petit coup dessus et je l'envoie de toutes mes forces.
Le lancer impressionne ma sœur ; c'est sûr.
Mais il est largement insuffisant.
La balle n'a même pas commencé à repiquer vers le sol que Monsieur Ernest l'attend déjà toute gueule ouverte.

la gueule : la bouche d'un animal

Et la balle disparaît dans un claquement de mâchoires.
– MA BALLE ! je hurle. IL A MANGÉ MA BALLE !
– Je te l'avais dit, me rappelle ma sœur.
Monsieur Ernest attend une deuxième balle en continuant à creuser des trous.
– Essaye avec le Frisbee.
– Mais il a mangé ma balle, je continue de protester.
C'est ma sœur qui lance le Frisbee pour tenter de sauver ce qui reste de la pelouse. Le disque en plastique passe au-dessus de la tête de Monsieur Ernest en échappant à sa gueule immense.
Notre chien géant soulève ses oreilles. Il penche la tête de côté en regardant le Frisbee décrire un arc de cercle descendant et atterrir quelques dizaines de mètres plus loin sur un carré de pelouse encore intact.
En deux bonds qui provoquent des secousses sismiques dignes d'un dinosaure pris de hoquet, Monsieur Ernest a rejoint le disque rouge.

protester : déclarer son désaccord

un arc de cercle : une trajectoire courbe

une secousse sismique : un tremblement de terre

digne de : qui ressemble à

Délicatement, il le saisit entre ses grosses babines ; et fièrement, il le dépose à nos pieds dans une mare de bave.
– Hourra ! Il a compris ! on crie en levant les bras au ciel.
– À mon tour, je dis, en m'emparant du Frisbee. Je l'égoutte un peu et je l'envoie de toutes mes forces à travers les airs : une vraie soucoupe volante !
– Allez, Monsieur Ernest. Va chercher !
Monsieur Ernest se retourne d'un bond.
BOUM !
Et notre chien géant part à la poursuite du Frisbee.
BABOUM ! BABOUM ! BABOUM !

délicatement : en faisant très attention

les babines : les lèvres d'un animal (ici d'un chien)

lever les bras au ciel : geste que l'on fait pour montrer sa joie

égoutter : secouer un objet mouillé pour faire s'écouler l'eau

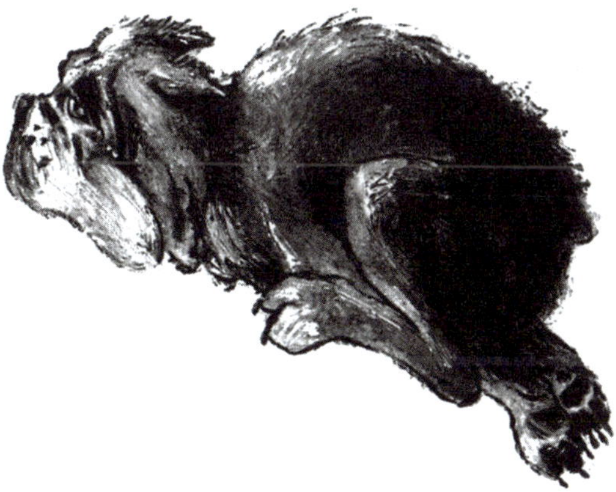

À chaque bond de Monsieur Ernest, les voitures garées dans la rue d'en face décollent du sol ; les poubelles s'envolent, les arbres perdent leurs feuilles… et Madame Glochot regarde vers le ciel, de plus en plus inquiète, en s'accrochant à un lampadaire.

Nous, on rit comme des fous en essayant de retomber sur nos pieds.
Le Frisbee termine sa course sur le toit de la voiture de mon père. La plus grande voiture du monde. La plus grosse aussi. Enfin, jusqu'au moment où Monsieur Ernest met ses deux pattes avant sur le toit. En un clignement d'œil, elle est devenue aussi plate qu'une galette.

En un clignement d'œil : en un instant

monsieur
ERNEST

Raplapla la voiture de papa.
Un chapeau sur lequel on se serait assis.
Une roue s'est détachée, les autres sont écrasées, les beaux pare-chocs sont tout pliés et la carrosserie rouge écrabouillée.
Il ne reste rien.
Rien du tout qui puisse être sauvé ou réparé. C'est ce que constate papa en sortant précipitamment de la maison avec maman qui a décidé enfin de quitter la salle de bains.
– Aaaaargh ! fait papa du fond de la gorge.
Il court vers sa voiture qui était la plus grosse du monde. Il traverse la pelouse en évitant les tranchées creusées par Monsieur Ernest.
– Mon chéri, mon chéri, dit maman en lui courant derrière.
– C'est pas de notre faute, on dit en suivant le mouvement.
– Aaaaargh ! fait une nouvelle fois papa devant le désastre.
Monsieur Ernest est encore tout surpris de ce qui vient de se passer. Il reste là, les

raplapla : aplatie *(langage familier)*

précipitamment : très rapidement

deux pattes sur le toit de la voiture aplatie, la langue pendante, l'œil roulant dans son orbite.

l'orbite : la cavité de l'œil

– Aaaaaaargh ! dit papa en s'arrachant des touffes de cheveux.

Monsieur Ernest semble très touché par le désarroi de mon père. Ses yeux s'arrêtent de rouler et deviennent tristes.

le désarroi : le trouble de quelqu'un qui ne sait pas comment réagir

Il réfléchit.

« Mais oui, mon maître est triste car il ne retrouve pas ce que les enfants m'ont lancé ! »

Monsieur Ernest enlève donc ses deux grosses pattes de la voiture-galette et cherche dans les débris avec son gros museau poilu.

les débris : les morceaux de la voiture

« Snif ! Snif ! »

Il n'est pas long à retrouver le Frisbee.

Dans une cascade de bave, il le tend affectueusement à papa.

affectueusement : avec tendresse

Chapitre 4

Pas bouger le chien !

Papa devient bleu, puis vert, puis jaune, pour finir rouge comme un feu tricolore.
– AAAARGH ! crie-t-il dans sa nouvelle langue.
Et il expédie le Frisbee de toutes ses forces vers le ciel ; deux hirondelles s'écartent pour laisser passer l'engin. Il file à la vitesse du vent, et le vent fait le reste.

expédier : envoyer

filer : passer à toute vitesse

Un petit courant d'air pas très malin s'engouffre sous le disque rouge. Il le porte haut, très haut dans le ciel, avant de le laisser tomber comme une vieille chaussette.

s'engouffrer : pénétrer rapidement

Et le Frisbee atterrit sur le toit de notre maison.

– NOOOON, hurle papa qui parle à nouveau notre langue.

Trop tard, Monsieur Ernest est déjà parti. Baboum, baboum, baboum…

Arrivé devant la maison, notre chien géant bondit dans les airs, les pattes arrière repliées, les pattes avant bien tendues : quel joli saut !

Monsieur Ernest atterrit en équilibre sur le toit de notre maison. Les murs tremblent mais ça tient bon. Quelques ardoises tombent, la cheminée gigote.

– Pas bouger, pas bouger le chien, chuchote papa qui a repris espoir.

Monsieur Ernest ne bouge pas, jusqu'au moment où il aperçoit le Frisbee coincé dans la gouttière. Notre chien tend le museau, avance un peu la patte droite. Les murs se fissurent, les poutres craquent… et la maison entière s'effondre dans un bruit de tonnerre et d'explosion. Un nuage de fumée grise s'élève.

La moitié du quartier est à ses fenêtres.

gigoter : bouger dans tous les sens

chuchoter : parler à voix basse

se fissurer : se fendre

la pomme d'Adam : une petite boule plus ou moins apparente située sur le devant du cou de l'homme

se dissiper : disparaître

ratatiné : complètement écrasé

L'autre moitié est dehors.
La pomme d'Adam de papa fait des allers-retours.
– M… ma… mama maison, bredouille-t-il.
Peu à peu, le nuage de fumée se dissipe. Monsieur Ernest et ses quelques tonnes de chair et de poils apparaissent au sommet du tas de briques écrasées, d'ardoises brisées, de fenêtres cassées : la plus grande maison du monde est complètement ratatinée.
Du bout de ses grosses babines, Monsieur Ernest tient le Frisbee. Il a son air étonné comme s'il venait de se retourner après qu'on lui eut tapé dans le dos.
– Pff… pff, pff, fait maman en pressant ses mains contre sa bouche.
– Mamama maison, bégaye encore papa en louchant.
– Pff, pff… lâche encore maman avant d'éclater de rire.
Papa la regarde, surpris.
Maman ne peut plus s'arrêter de rire. Elle est obligée de s'asseoir par terre tellement son ventre lui fait mal. Et elle rit, et elle rit.

Et nous, avec ma sœur, on commence aussi à sourire.

– Pff, pff…

Monsieur Ernest vient pourtant d'écraser nos chambres aussi grandes qu'un hangar à avions, nos patins à roulettes, tous nos jouets, notre baignoire-piscine…

– Tes échasses sont sûrement cassées, dit papa à maman qui repart à rire de plus belle : c'est les nerfs qui lâchent, dit-il pour nous rassurer. Et maman se roule par terre en se tenant les côtes.

Moi, je crois que maman est vraiment contente.

de plus belle : encore plus

avoir les nerfs qui lâchent : ne plus pouvoir se contenir

se tenir les côtes : ne pas pouvoir s'arrêter de rire

Chapitre 5

La meilleure idée du monde

C'est maman qui a eu l'idée.
Elle a dit :
– J'ai la meilleure idée du monde.
Papa l'a regardée sans comprendre.
Elle a mis ses deux auriculaires aux coins de sa bouche. Un sifflement du tonnerre : puissant et aigu à vous en percer les oreilles.
Monsieur Ernest est accouru aussitôt.
– Couché, elle a dit, maman.
Notre chien-dinosaure a obéi sans broncher.
– Tout le monde en voiture. Et qu'ça saute !

l'auriculaire : le petit doigt

sans broncher : sans manifester son désaccord

et qu'ça saute : et que cela se fasse vite *(langage familier)*

Alors on est montés sur le dos de Monsieur Ernest.
On s'est installés : c'était drôlement confortable, moelleux, doux et chaud.
– Ma chérie, tu es folle, a dit papa.
– Monte, a dit maman en fronçant les sourcils. Papa nous a rejoints vite fait.
Maman, elle, s'est installée plus en avant, sur la tête de Monsieur Ernest, entre ses deux oreilles.
– Debout.
Tous les voisins regardaient ce spectacle étrange : un homme en costume et deux enfants montés sur le dos d'un chien conduit par une femme en robe de chambre.
– En route pour les plus grandes vacances du monde ! a hurlé maman.
Alors Monsieur Ernest a démarré d'un pas léger : les voitures garées dans la rue se soulevaient à peine à chacun de ses pas.
Et c'est ainsi que nous avons quitté la ville.
Et c'est ainsi que nous voyageons depuis plusieurs mois.

moelleux : souple, mou et doux au toucher

froncer les sourcils : resserrer les sourcils pour montrer qu'on est fâché

léger : gracieux

Aujourd'hui, nous sommes au Brésil, et demain, nous partons pour le Pérou. Sur le dos de notre chien, nous franchissons les montagnes, nous traversons les mers, partout on nous accueille en faisant la fête (sauf en Chine où Monsieur Ernest a marché sur un char lors d'un défilé militaire).

la rumeur : la nouvelle

précéder : arriver avant

héros : personne qui se distingue par son courage

La rumeur précède parfois notre arrivée. Nous sommes devenus de vrais héros. Nous terminons notre troisième tour du monde, et nous ne sommes pas encore passés deux fois au même endroit.

C'est vraiment la belle vie.

Bien sûr, un jour il faudra rentrer, retourner à l'école ; nos parents devront retourner travailler. Mais papa et maman nous ont promis que nous garderons toujours Monsieur Ernest avec nous.

– Et toi, tu auras seulement le droit de chercher la plus grande niche du monde. C'est tout, a prévenu maman.

Papa a promis.

Il a aussi juré de ne reconstruire qu'une petite maison à la place de l'autre.

Hélas, j'ai l'impression que papa est également le plus grand menteur du monde…

Jean Tardieu

Le style enfantin
ou La mort et le médecin

PERSONNAGES :

MONSIEUR

MADAME

LA DAME DU MÉTRO

LE DOCTEUR

LE CONTRÔLEUR

I. *À la maison, le matin*

MADAME – Où vas-tu ?

MONSIEUR – Au bureau.

MADAME – Encore ! Tu y es déjà allé hier !

MONSIEUR – Non, hier je n'ai pas eu le temps : j'étais occupé à être malade.

MADAME – Comment te sens-tu aujourd'hui ?

MONSIEUR – Comme tu voudras.

MADAME – Je veux que tu sois malade.

MONSIEUR – Bien entendu, je serai malade ce soir ! Mais maintenant, il faut que je sorte.

MADAME – Prends garde aux rues barrées.

prendre garde : faire attention

barré : bloqué par une barrière

MONSIEUR – Elles ne sont pas bien barrées, il suffit de faire le tour.

MADAME – Tu n'emportes pas ton chien ?

MONSIEUR – Je l'ai dans ma poche.

MADAME – Et les enfants ?

MONSIEUR – Ils sont au garage, pour la réparation. Allons, au revoir (*regardant sa montre*). Je suis en retard.

MADAME – Tiens voilà une autre montre (*elle lui donne un bout de papier*).

MONSIEUR, *la regardant* – Parfait, elle est en avance. Je l'emporte. Adieu, à ce soir.

MADAME – À ce soir.

II. *Au métro*

le guichet : le comptoir derrière lequel se tient l'employé chargé de vendre les billets

MONSIEUR, *devant le guichet* – Madame, je voudrais un ticket.

LA DAME – Monsieur, malheureusement, je n'ai plus que de vieux tickets.

MONSIEUR – Ça ne fait rien. Donnez-m'en un. C'est combien ?

mille francs : environ 150 €

LA DAME – Mille francs.

MONSIEUR – Ça n'est pas cher. Voilà mille francs.

LA DAME – Merci. Mais je ne sais pas quand le métro partira.

MONSIEUR – Ah ! Il est arrêté ?

LA DAME – Oui.

MONSIEUR – Pourquoi ?

LA DAME – À cause de la pluie.

MONSIEUR – Mais il fait pourtant un beau soleil !

LA DAME – Ça ne fait rien. C'est le soleil des jours de pluie.

MONSIEUR – Ah, je comprends. Alors je vais attendre. On va faire la conversation tous les deux.

faire la conversation : discuter

LA DAME, *battant des mains* – Oh ! C'est ça. Vous aimez parler cuisine ?

MONSIEUR – Oh, beaucoup, j'ai tout le temps faim.

LA DAME – Moi aussi. Qu'est-ce que vous pensez de la crème au vinaigre ?

MONSIEUR – Très bon, très bon, j'en mange à chaque repas, avec de la queue de rat.

Le chef de train passe, sonne dans une trompette d'enfant et crie : « Aujourd'hui jour sans métro, aujourd'hui jour sans métro. »

LA DAME – Ah ! c'est vrai, j'oubliais. Il n'y a pas de métro aujourd'hui.

contrarié : mécontent

MONSIEUR, *contrarié* – C'est ennuyeux, comment est-ce que je vais faire pour aller à mon bureau ?

LA DAME – Prenez le métro Semblant.

MONSIEUR – Il passe souvent ?

LA DAME – Toutes les cinq minutes. Tenez en voilà un !

MONSIEUR – Bon, je le prends. Alors à ce soir ?

LA DAME – À ce soir. Quelle est votre adresse ?

MONSIEUR – Je n'en ai pas. Ça ne fait rien ? Venez quand même. C'est à gauche.

LA DAME – Entendu. Au revoir, monsieur !

MONSIEUR – Au revoir, madame !

Ils s'embrassent.

III. *À la maison, le soir*

Monsieur est assis dans un fauteuil à roulettes, couvert de couvertures, les pieds sur une chaise, l'air très malade. Madame lui tend un verre.

MADAME – Mon pauvre mari ! Je te l'avais bien dit ce matin que tu serais malade. Tiens, prends ce remède.

un remède : un médicament

MONSIEUR – Il est très bon ton remède. C'est toi qui l'as fait ?

MADAME – Oui, avec du vin, un peu de beurre, de la salade cuite, et aussi du sable, naturellement.

MONSIEUR – C'est tout à fait ce qu'il me fallait.

MADAME – Maintenant, dors ! Je m'en vais cinq minutes.

Monsieur fait semblant de ronfler, puis rejette ses couvertures, se lève, va à sa table et fait semblant d'écrire.

ronfler : faire du bruit en respirant lorsqu'on dort

MADAME, *revenant* – Je te croyais malade ?

MONSIEUR – Oui, oui. Je serai malade quand le Docteur arrivera.

MADAME – Alors qu'est-ce que tu fais ?

MONSIEUR – J'écris des vers.

des vers : suite rythmée de lignes d'un poème

MADAME – Encore ?

MONSIEUR – Mais ce ne sont pas de vrais vers.

MADAME – Ah, bon ! Alors viens plutôt jouer avec moi !

MONSIEUR – À quoi ?

MADAME – À faire la cuisine. Tu sais bien que tu as invité la Dame du Métro !

MONSIEUR – C'est vrai. Qu'est-ce qu'on va manger ?

MADAME (*elle réfléchit*) – Eh bien, une soupe, pour commencer…

MONSIEUR – Oui, une soupe. Tiens voilà des carottes… des poireaux… des pommes de terre… (*Il lui tend successivement un crayon, une paire de lunettes et un mouchoir.*)

successivement : l'un après l'autre

MADAME – Bien, on va les faire cuire. (*Elle pose le tout sur une chaise, fait semblant d'allumer le feu.*) Ça y est. Ils sont cuits.

MONSIEUR – Oui. Mais il faut aussi de la viande.

MADAME – J'ai des tickets.

MONSIEUR – Tant mieux. Tu vas voir. Il n'y a qu'à les poser sur le feu… Et voilà trois biftecks. (*Elle pose les bouts de papier sur une table.*)

On sonne.

MADAME – Tiens, le Docteur ! Recouche-toi vite !

MONSIEUR – C'est vrai, je suis si malade !

Il s'assied et se recouvre d'une couverture.

MADAME, *à la cantonade* – Bonjour, docteur.

à la cantonade : parler fort en s'adressant à tout le monde en même temps

LE DOCTEUR, *entrant* – Bonjour, madame. Permettez-moi de vous embrasser.

MADAME – Attention à mon indéfrisable !

une indéfrisable : une permanente, coiffure ondulée réalisée par un coiffeur

LE DOCTEUR – N'ayez pas peur, je m'y connais.

Ils arrivent près du malade la main dans la main.

LE DOCTEUR – Alors, monsieur, qu'est-ce qu'il y a ?

MONSIEUR – Je suis malade, docteur. J'ai pris froid au bureau.

LE DOCTEUR – Ah ! ah ! c'est très dangereux, le bureau. Voyons, voyons, vous avez de la température ?

MADAME – Oh ! oui, docteur, il a de la fièvre, depuis tout à l'heure.

LE DOCTEUR – Faites voir votre main… Tiens, elle est bien sale. Vous vous lavez souvent ?

MONSIEUR – Pas souvent, docteur, il n'y a plus de savon.

LE DOCTEUR – C'est juste. C'est juste. Et votre langue ?

Monsieur tire la langue.

LE DOCTEUR – Un peu noire, je parie que vous avez mangé de la réglisse ?

la réglisse : un bonbon de couleur noire fabriqué avec de la racine de réglisse qui est une plante

MONSIEUR – Oui, docteur, j'achète de la réglisse au bureau.

LE DOCTEUR – Ah ! ah ! décidément très dangereux, très dangereux ce bureau ! Comment vont vos pieds ?

MONSIEUR, *montrant ses pieds sous la couverture* – Ils vont bien. Merci.

LE DOCTEUR – Tiens ! Ils sont aussi sales que vos mains !

MONSIEUR – C'est à cause des chaussures.

LE DOCTEUR – Oui, mais c'est mauvais. Ça doit être la rougeole. Vous souffrez d'un symptôme !

MADAME – Qu'est-ce que c'est que ça, un symptôme ?

LE DOCTEUR – C'est une grave maladie, une maladie grave. On en meurt.

MADAME – Mon Dieu, docteur ! Est-ce possible ?

La rougeole : maladie qui provoque des taches rouges sur la peau

un symptôme : un signe qui permet de reconnaître une maladie

On sonne.

MADAME – Tiens ! Qui est-ce qui peut sonner à cette heure-ci ? (*À la cantonade* :) Entrez quand même !

LA DAME DU MÉTRO, *entrant* – Bonjour tout le monde ! Je ne vous dérange pas ?

MONSIEUR – Du tout. (*À sa femme* :) C'est la Dame du Métro qui vient dîner avec nous.

MADAME – Asseyez-vous donc. Le Docteur achève mon mari. Je suis à vous dans un instant.

achever : ici finir la consultation

LA DAME DU MÉTRO, *ricanant* – Ne vous pressez pas. J'attendrai. (*Elle s'assied.*)

ricaner : rire de façon stupide et méchante

LE DOCTEUR – Bon ! Alors je vais vous faire une ordonnance. Avez-vous du papier ?

MADAME, *apportant une plume et du papier* – Tenez, docteur.

LE DOCTEUR, *s'installant à la table et écrivant* – Voici le régime : « Un bouillon de légumes toutes les deux heures, une promenade en chevaux de bois le matin à jeun, trois fois par jour un cataplasme composé de charbon, de plâtre et de fromage de gruyère. Éviter le bureau. Rester allongé ou debout, selon les cas. Se laver les mains et les pieds avant chaque repas. » Voilà, c'est tout.

un régime : ici un ensemble de règles pour être en bonne santé

à jeun : sans avoir mangé

un cataplasme : une bouillie épaisse appliquée sur la peau pour soigner un malade

MONSIEUR – Merci, docteur. Je vous dois combien ?

LE DOCTEUR – Cent mille francs !

MONSIEUR – Bien ! Les voici. (*Il lui donne un bout de papier.*)

LE DOCTEUR – Merci et au revoir. Je reviens dans une heure voir si ça va mieux.

MADAME – Je vous accompagne, docteur.

Ils sortent.

MONSIEUR, *rejetant ses couvertures* – Chère Dame du Métro ! Je vous ai fait venir parce que je vous aime.

LA DAME DU MÉTRO – Moi aussi ! Dépêchons-nous. Faites-moi un enfant.

MONSIEUR, *s'approchant d'elle et l'embrassant sur la joue* – Tout de suite. Voilà ! C'est un garçon.

LA DAME DU MÉTRO – Merci. Ça fera des allocations familiales. On va être riches.

les allocations familiales : une somme d'argent donnée par l'État aux familles qui ont des enfants

rudement : beaucoup

MONSIEUR – Et moi je me sens rudement mieux !

MADAME, *revenant* – Tiens ! Tu n'es plus malade ?

LA DAME DU MÉTRO – Non, il n'est plus malade pour le moment. C'est bien embêtant.

MADAME – Pourquoi ?

LA DAME DU MÉTRO – *Parce que je suis la Mort !* Il va falloir que je revienne !

MADAME, *furieuse* – Comment ? Vous êtes la Mort et vous ne le disiez pas ? Voulez-vous ficher le camp tout de suite !

ficher le camp : s'en aller, déguerpir *(langage familier)*

LA DAME DU MÉTRO – Je m'en vais, mais je reviendrai tout à l'heure. Et nous verrons. (*Elle part en ricanant* :) Ha ! ha ! ha ! ha !

MONSIEUR – Je suis fatigué. Je me recouche.

MADAME – Non, tu n'es pas fatigué.

MONSIEUR – Si !

MADAME – Non !

MONSIEUR – Si !

MADAME – Non !

MONSIEUR – Si !

MADAME – Alors, viens au cinéma avec moi !

MONSIEUR – Bonne idée. Où ça ?

MADAME – Ah ! ah ! tu vois bien que tu n'es pas fatigué !

MONSIEUR – Je ne suis pas fatigué pour aller au cinéma, mais je suis fatigué pour rester ici.

On sonne.

MADAME – Je parie que c'est le docteur. Attends ! J'ai une idée. Recouche-toi !

MONSIEUR – Je te le disais bien. (*Il s'assied dans le fauteuil et tire la couverture sur lui.)*

MADAME – Entrez !

LE DOCTEUR, *entrant* – Ah ! comment va mon malade ?

MONSIEUR – Très mal, docteur ! J'ai les pieds de plus en plus sales !

LE DOCTEUR – Mauvais, ça, très très grave !

MADAME – Je crois qu'il va mourir.

LE DOCTEUR – Ça se pourrait bien.

MADAME – Docteur, mon pauvre mari veut vous demander quelque chose avant de mourir.

LE DOCTEUR – Volontiers, quoi donc ?

volontiers : avec plaisir

MADAME – Il voudrait jouer au médecin.

LE DOCTEUR – Rien de plus facile. Je lui apprendrai.

MADAME – Bon ! Alors, lève-toi, mon mari.

geignant : se plaignant, pleurnichant

MONSIEUR, *geignant* – Eh là là, mon Dieu. Comme je suis fatigué.

MADAME – Fais un effort. (*Monsieur se lève.*) Bien. Maintenant, docteur, couchez-vous à sa place, pour lui donner sa leçon de médecin !

tordant : très drôle *(langage familier)*

LE DOCTEUR, *obéissant* – C'est tordant ! Moi qui ne suis jamais malade !
(*À Monsieur* :) Allons ! Prenez-moi la main.

MONSIEUR, *lui prenant la main* – Qu'est-ce que je dois faire ?

LE DOCTEUR – Dites : un, deux, trois, quatre, cinq !

MONSIEUR – Un deux trois quatre cinq six sept huit neuf dix !

LE DOCTEUR – Bon ! Vous savez compter. Vous ferez un bon médecin. Maintenant, regardez ma langue ! (*Il tire la langue.*)

MONSIEUR, *regardant de près* – Oh, je vois une petite bête sur le bout de votre langue.

Le docteur acquiesce en grommelant.

acquiescer : donner son accord, dire oui

grommeler : grogner

MONSIEUR – Je vais faire l'opération. (*À sa femme* :) Mademoiselle, donnez-moi une pince à sucre.

À ce moment on sonne trois fois, longuement et lugubrement.

lugubrement : de façon inquiétante et sinistre

MADAME – C'est la Dame du Métro. (*À la cantonade* :) Entrez, on vous attendait !

LA DAME DU MÉTRO, *entrant, une couronne de fleurs à la main* – Je savais bien qu'il n'en avait plus pour très longtemps. Je viens le chercher pour l'emmener au cimetière, puisque je suis la Mort.

une couronne de fleurs : un ornement que l'on place sur une tombe

MADAME – Je vous en prie ! Je serai bien débarrassée ! C'était un vilain mari, il faisait des enfants à toutes les dames.

LA DAME DU MÉTRO – Je le sais bien, il m'en a fait un tout à l'heure ! Allons ! Au cimetière !

Elle écarte Monsieur, pose les fleurs sur les genoux du Docteur.

LE DOCTEUR, *furieux* – Mais je ne suis pas le malade, je suis le médecin !

LA DAME DU MÉTRO – Ça ne fait rien ! Vous êtes mort, on va vous enterrer. Pourvu que j'emporte quelqu'un, moi, ça m'est égal. Allons, venez ! Au revoir !

la coulisse : la partie de la scène placée derrière le décor ou sur les côtés, invisible aux spectateurs

Elle disparaît dans la coulisse en poussant devant elle le fauteuil avec le docteur qui se débat.

se débattre : essayer de s'échapper

MONSIEUR, *à sa femme* – Tant pis pour le Docteur, bon débarras ! Et toi qui voulais que je sois médecin ! Tu vois comme c'est dangereux !

MADAME, *furieuse* – Comment ! Tu es sauvé grâce à moi et c'est comme ça que tu me remercies ! À nous deux, mon petit bonhomme ! Tu vas descendre la boîte à ordures, tu vas faire la vaisselle, tu feras le dîner, je mangerai le poulet et toi tu seras privé de dessert !

Table

Si tu as aimé :

Robert Browning
Le joueur de flûte
de Hamelin
Illustré par Éric Puybaret

Tu aimeras aussi :
Hansel et Gretel
de Jacob et Wilhelm Grimm
illustré par Monique Félix
collection « Monsieur Chat »
éditions Grasset Jeunesse

Abandonnés par leurs parents qui n'ont plus de quoi les nourrir, Hansel et Gretel trouvent une maison en pain d'épices. Mais c'est une sorcière qui l'habite…

Si tu as aimé :

Alphonse Daudet
La chèvre de M. Seguin
Illustré par Jean-Louis Goussé

Tu aimeras aussi :

Le loup et les sept chevreaux

de Jacob et Wilhelm Grimm

dans « Les plus beaux contes du temps passé »

Hachette Jeunesse

Une vieille chèvre était mère de sept jolis chevreaux qu'elle aimait tendrement. Un jour, elle partit dans les bois et demanda à ses sept chevreaux de n'ouvrir à personne, et surtout pas au loup…

Si tu as aimé :

Marc Cantin
Le meilleur papa du monde
Illustré par Brigitte Perdreau

Tu aimeras aussi :

Le manteau du Père Noël

d'Olivier Ka

illustré par Annie-Claude Martin

éditions Grasset Jeunesse

Martin rêvasse au bord de l'Étang aux Légendes : pourquoi ses parents ont-ils l'air si triste depuis peu, et pourquoi ne veulent-il pas fêter Noël ? Mais voilà que le Père Noël en personne passe sur son traîneau... Et oublie son manteau ! Un manteau pas ordinaire...

Si tu as aimé :

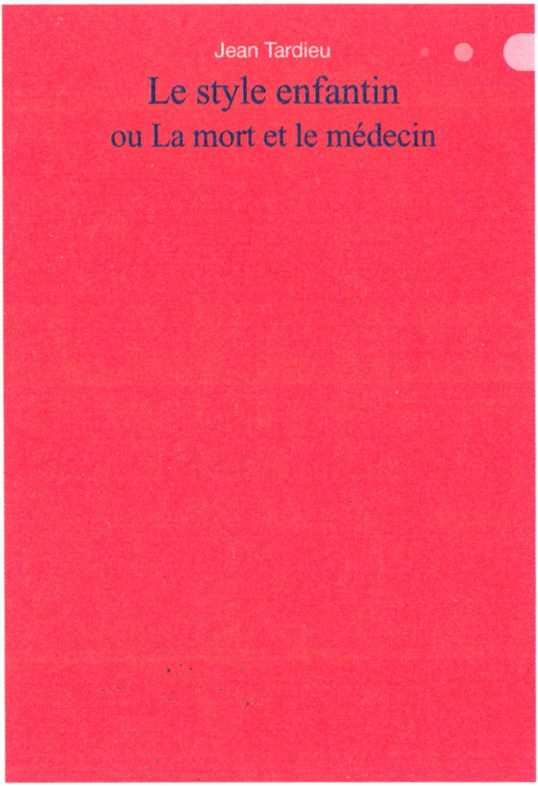

Tu aimeras aussi :

Sept farces pour écoliers

de Pierre Gripari

éditions Grasset Jeunesse

Des saynètes courtes, cocasses et hilarantes qui reflètent l'esprit taquin et savant de Pierre Gripari. Les sept farces sont : *La fausse gourde, Chien et bébé, Deux téléphones, La télé farceuse, Goulu et son âme, Cent ans de cuisine française et Le marchand de fessées*.

Achevé d'imprimer en Slovaquie par Polygraf
Dépôt légal: Mars 2013 - Collection n° 73 - Édition 08
11/6502/6